LE PORTRAIT DV ROY
Qui pou...
En vain l'on...
Il faloit que Minerue... pri cet ouurage
Pour le rendre parfait

LE PORTRAIT DV ROY,

PRESENTE

A LA REINE MERE.

Enrichy des Portraits de leurs
MAIESTEZ.

*Par Monsieur DE LA SERRE, Conseiller ordinaire du Roy
en ses Conseils, & Historiographe de France.*

A PARIS,

Chez DENYS LANGLOIS,

au Mont S. Hilaire.

M. DC. LXIII.

AVEC PRIVILEGE DV ROY.

Sauuer l'Estat, Donner la Paix
Oublier les maux qu'on a faits,
S'en Venger par vne Amnistie
Nous donner pour Reyne MARIE
Sont ses Miracles inouis
Mais le plus grand de tous c'est d'auoir fait LOVIS.

A
LA REINE
MERE.

ADAME,

*Comme j'auois dessein de peindre vôtre Majesté, mon
ȷenie m'a persuadé de faire le Portrait du Roy, pour
reüssir au vôtre; il vous ressemble si fort, que la conuenance
en sçauroit estre plus juste. Il a vostre Esprit, il a vostre
ȷugement; & pour en dire dauantage, il possede toutes vos
autres Qualitez.*

On admire la Mere, on admire le Fils;
Et tout le Monde accour en foule dans Paris,
Pour y voir des vertus le parfait exemplaire
    Et dans le Fils, & dans la Mere.

Comme leur pratique eſt commune à vos Majeſt,
MADAME, l'on peut dire le meſme de la Reſſemblan,
& c'eſt en cela que voſtre bonheur eſt hors de comparaiſ,
vous auez trouué cét Art inconnu à la Nature de renaiſ,
de vous meſme pour y ſuruiure ; puis qu'en donnant
Monde ce grand Roy, d'où doiuent ſortir tous ceux q
aura jamais, tous les Siecles admireront l'Auguſte AN
D'AVSTRICHE, dans tous les Neveux de l'Aug
LOVIS DE BOVRBON. Quel auantage vous eſt
MADAME, de vous voir aſſiſe ſur le Throne dont v
auez jetté les fondemens inebranlables dans l'auen,
pour regner ſur la Terre auec tous les Roys qui y regnero
& quelle ſatisfaction ne receuez vous pas de joüyr
voſtre belle vie, de tous les honneurs dont voſtre pretie
memoire joüyra. On ne ſçauroit douter, de ces verit
MADAME; en faiſant naiſtre ce Grand Monarq,
vous nous en auez fait voir les preuues : & comme tous
regards d'admiration qu'on jette ſur luy, ſe reflechiſſ
ſur vous, ie ne m'etonne pas ſi vous eſtes l'objet de no
rauiſſement, il rauit tout le Monde. Ie ſuis,

MADAME,

De V. M.

Le tres-humble, tres-obeïſſant & tres-fid
ſeruiteur & ſujet,

PVGET DE LA SERR

LE
PORTRAIT
DV ROY.

E sçay bien que c'est estre plus teme-
raire que hardy de faire le Portrait de
ce Grand Monarque, puis qu'au lieu
de representer ses Perfections, ie seray
voir mes defauts ; mais comme en ce
dessein mon zele se doit peindre le
premier, son feu a tant d'éclat qu'il
ébloüira tout le Monde.

I'ay eu autrefois beaucoup de veneration pour
Stesicrate, dans le dessein qu'il fit de tailler la Statuë
d'Alexandre du Mont Athos ; mais quand ce fameux
Artisan viuroit encore, ie n'aurois pas la mesme estime
pour luy, s'il faisoit le mesme projet pour mon Prince,
ils different beaucoup l'vn de l'autre.

Ce Heros cherchoit tout son bonheur dans la défaite
de ses ennemis, mon Roy trouue toute sa gloire dans le
Triomphe de ses Passions.   A

Ie veux que d'Alexandre on admire les Faits
La Gloire de LOVIS ne peut-estre qu'extreme;
L'vn regne par la Guerre, & l'autre par la Paix:
L'vn triomphe du Monde, & l'autre de soy-mesme.

La Fable nous veut persuader que les Dieux enrichirent Pandore de tant de faueurs, qu'elle leur auroit donné de la ialousie, si cette passion les eût pû toucher.

La verité de cette Fable se voit en nostre Monarque; comme la Nature l'a comblé de toute sorte de Perfections, elle a d'autant plus d'admiration pour luy, qu'elle a employé ses derniers efforts à le rendre admirable.

Sa Taille est si riche & si belle,
Que l'on n'en trouue point de si parfaite qu'Elle,
Et l'on n'a pas besoin de foy,
Pour croire à le voir, qu'il est Roy.

On iuge bien que sa Teste n'a esté faite que pour porter des Couronnes; puis que la plus riche est de sa façon.

Tous ses Cheueux crespez d'vne belle couleur,
Augmentent d'autant plus sa Beauté par la leur;
Que cette charmante Parure
Est vn ornement de Nature.

Sa Mine vrayement Royale, a cette vertu d'humilier les Esprits, aussi bien que d'assujettir les Cœurs.

Ce n'est pas qu'elle n'ait la douceur en partage,
Auec vne noble fierté,
Qui dans sa douce grauité.
Commãde en l'admirant que l'on luy rende hommage.

Comme ſes Yeux ſont animez du feu de ſa Valeur, ils
rempliroient les Eſprits d'étonnement & de crainte, ſi
l'amour ne confondoit l'ardeur de ſes flâmes auec la leur,
pour les faire aimer plûtoſt que craindre.

> *Ils ſont beaux, ils ſont fiers, ils ne ſont pas moins*
>   *doux;*
> *Et quoy que leur fierté conuienne à ſon Courage,*
>   *Ils ont cét auantage,*
> *Que les cœurs à l'enuy s'expoſent à leurs coups.*

Sa Bouche eſt l'Interprete des Oracles de la verité.

> *Elle eſt d'autant plus admirable,*
> *Que toûjours elle eſt veritable,*
> *Et comme Elle nous dit toûjours la verité,*
> *Elle ſeule nous peut exprimer ſa beauté.*

Les autres parties de ſon beau Viſage, portent auec elles
leurs attraits differens, & dans leur diuerſité ils aſſuiettiſ-
ſent autant d'eſprits, qu'ils attirent de regards.

> *On ne peut le voir ſans l'aymer,*
> *Mais quoy qu'il ait appris ce bel Art de charmer,*
> *L'Amour mettroit ſouuent ſa Franchiſe aux alarmes,*
>   *De luy rendre les armes,*
>   *SI THERESE auiourd'huy*
> *N'eſtoit plus puiſſante que luy.*

Comme ſes Mains ſont deſtinées à porter le Sceptre de
l'Empire du Monde, on a ſujet de ſe perſuader qu'elles ont
eſté faites par celles de la Gloire.

Qui n'admirera pas leur diuine industrie,
Elles couronneront sa vie,
Des Lauriers qu'elles cueilliront
Dans le Champ de Bellonne,
Pour accroistre le prix de la riche Couronne
Qu'elles mesmes feront?

Son adresse à monter à Cheual, & sa disposition à dancer, sont inimitables.

Qui peut dansser mieux auiourd'huy,
Il n'en est point qu'il ne surpasse?
Iugez s'il n'a pas bonne grace,
Les Graces dansent auec luy.

Comment parlerois-je de la beauté de son Esprit, & de la solidité de son Iugement ; La force de celuy-cy me contraint à me taire, & la lumiere de l'autre m'éblouït.

Si l'vn est merueilleux,
L'autre est incomparable ;
Et l'on peut dire de tous deux,
Que l'on ne voit rien de semblable ;

Ne vous imaginez pas que i'aye commencé de le peindre : comme toutes les Vertus ensemble me doiuent fournir & les pinceaux, & les couleurs, pour trauailler à son Portrait.

Elles feront auec moy cét Ouurage :
Ie presteray ma main, elles la guideront ;
I'en tireray l'ébauche, elles l'acheueront,
Pour faire voir en luy leur veritable Image.

Sa Pieté est d'autant plus merueilleuse, qu'elle éclaire son

Efprit à confeffer publiquement, que toutes fes profperitez viennent d'enhaut.

Les habitudes qu'il a contractées de cette diuine vertu font fi fortes, qu'elles fe confondent auec fes inclinations. Ce qui nous fait croire qu'il eft naturellement pieux.

> *Bien que la Pieté luy foit hereditaire,*
> *Il prend plaifir à la rendre exemplaire,*
> *Pour obliger fes Sujets Auiourd'huy*
> *De faire comme Luy.*

Il eft bien ayfé de connoiftre qu'il eft Fils de L O V I S L E I V S T E ; la Iuftice prefide dans le confeil fecret de fes Paffions, pour les rendre raifonnables ; & cette Iuftice interieure fe rend d'autant plus éclatante au dehors, qu'il fait raifon à tout le Monde.

> *Sa Probité luy fert de poids & de balance,*
> *Pour rendre la Iuftice à tous également;*
> *Elle regne auec luy fi fouuerainement,*
> *Qu'elle en partage la puiffance.*

Encore que fa Valeur foit vn bien de fucceffion, puis que fes veines font remplies du mefme Sang de fes Illuftres Anceftres. L'amour qu'il a pour les Heros nous perfuade, que ce nom luy eft auffi propre que celuy qu'il porte : & toutes les fois que ie me fouuiens de ces Royales paroles qu'il dit vn iour : *qu'il voudroit achepter d'vn coup d'épée au trauers du corps, le gain d'vne Bataille,* ie fuis forcé de croire, que tous fes fentimens doiuent eftre auffi heroïques que fes actions, ie n'en confidere pas le merite,

> *Dans tous fes Auguftes Ayeux;*
> *Comme il marche plus vifte qu'eux,*

Il entre triomphant dans sa belle Carriere
Tout brillant de sa propre lumiere.
Son Courage inuincible a porté son Renom,
Aussi loin que son Nom

Sa Prudence le definit tout entier, aussi bien que la Pieté & la Iustice, sa conduite sert de leçon à tous les Polytiques du Temps. On ne peut pas dire que l'Experience l'a fait Sage, il l'a tousiours esté; comme si la Sagesse & la Raison s'estoient confonduës en luy; l'vsage de l'vne nous a fait voir la pratique de l'autre. N'est-ce pas vne Merueille inconnuë à nostre Siecle, d'employer tout le temps de sa Ieunesse à faire son Panegyrique. Ie ne sçaurois luy dérober la gloire que la plus sçauante Reyne du Monde, c'est à dire la Reyne de Suede, luy donna dés la premiere fois, qu'Elle entretint sa Majesté, quand Elle dit qu'Elle n'auoit iamais veu vn Prince si iudicieux;

Les plus Sages du Temps font gloire de le suiure,
Pour apprendre comme il faut viure,
Par les leçons qu'on en reçoit.
Fut il iamais vn Roy si Sage?
Sa Prudence dement & nos yeux, & son âge,
On doute de ce que l'on voit.

Sa Liberalité n'est pas moins admirable dans ses actions, que dans ses sentimens; comme la Nature luy donne ceux-cy, la Raison luy suggere les autres,

Où pourroit-on trouuer son pareil auiourd'huy?
Si l'on regarde en cela sa Conduite,
La Vertu n'est point éconduite;
Le Merite obtient tout de luy.

Sa Charité a beau se cacher, elle tire son iour de l'ombre dont elle se couure; & comme elle fait esclatter le bruit de sa renommée par le silence qu'elle s'est imposé, on n'a de voix auiourd'huy que pour parler d'elle. C'est cette diuine vertu qui luy a suggeré l'inuention d'immortaliser son Nom en faisant bastir l'Hospital general, sous l'empire du Temps, afin que le Temps mesme en rende la memoire eternelle, par son impuissance à le détruire; Et comme les fondemens en sont dans le Ciel, bien qu'il les ait iettez sur la Terre; on peut dire que c'est vne nouuelle Maison que la Sagesse a édifiée, pour y loger eternellement.

Qui pourroit dignement loüer sa Charité?
Comme le zele en est extreme,
Il nous ayme plus que luy mesme;
Et ses faits sont témoins de cette verité.

Sa Temperance conuient à vn Ange plustost qu'à vn Homme; est il rien de si merueilleux, que de voir vn Souuerain si détaché de son authorité souueraine, qu'il ne pense iamais à son Pouuoir absolu, que pour regner absolument sur luy-mesme. Tous ses diuertissemens sont honnestes, & tous ses plaisirs innocens; comme il est Maistre de ses desirs, toutes ses Passions contribuent à sa gloire, elles ne l'attaquent que pour se laisser vaincre.

C'est par sa Temperance,
Qu'il fait connoistre sa Puissance,
Puis qu'il a sur luy le Pouuoir,
De faire toûjours son deuoir.

Comme la Magnanimité est vne vertu, dont l'esclat ébloüit tout le Monde, dont la force triomphe de toutes choses, & dont la grandeur ne voit rien au dessus d'elle: tous les Eloges qu'on luy donne sont au dessous des

honneurs qu'on luy doit.   Le Temps & la Fortune ont
beau l'attaquer, ils ne remportent de leurs combats que de
la confusion & de la honte ; & quand ils la comblent de
faueurs, elle ne les considere que pour les mespriser.

La vie naissante de mon Prince nous represente cette
vertu dans la pratique qu'il en a faite ; la lumiere de son
esprit, la force de son iugement , & la grandeur de son
ame ont estonné tout le Monde , apres l'auoir remply
d'admiration. En vain ses ennemis secrets auoient concerté
le dessein de ruiner son Royaume, pour en voir le succez à
la faueur d'vne guerre ciuile, d'autant plus redoutable
qu'elle étoit domestique, il a triomphé de tous ; & quoy que
la Reyne sa Mere combattit auec luy, & pour luy, comme il
marchoit en triomphe à sa suitte , elle auoit beau cueillir
des Palmes & des Lauriers, pour luy en faire des Couronnes, son Courage inuincible les mettoit en œuure , toutes
estoient de sa façon.

Il est si Grand , si Magnanime,
Qu'on ne sçauroit en accroistre l'estime,
Ny la gloire des Prix qu'il en a remportez.
Comme à tous les Heros ce Monarque ressemble,
On le compare à tous ensemble,
~~Parmi eux~~ *Il a toutes les Qualitez.*

Ce qui me paroît encore merueilleux en ce Grand Prince,
c'est son abord toûjours charmant , c'est son humeur
toûjours égale , c'est sa façon de viure toûjours la mesme : &
sa maniere de regner me semble d'autant plus surprenante,
qu'il regne tout seul.

Les plus Grands de sa Cour admirent sa Conduite,
Sans sçauoir qui de tous en est le plus chery ;
  Le Merite est son fauory,
  Et la Vertu , sa fauorite :
  Ce Grand Alexandre auiourd'huy ,
N'a point d'Ephestion, que l'on prenne pour Luy.

On n'a pas besoin de foy , pour croire que la Renommée a porté son Nom en tous les lieux , où le Soleil porte sa lumiere.

Qui pourroit s'estonner s'il nous charme si fort ,
  Au doux bruit de sa belle vie ;
Comme il a mis ses Passions d'accord ,
  Chacune chante sa partie.

Ie ne m'estonne pas si les Heros ne marchent iamais sur les traces de ceux qui les ont deuancez, mon Prince est luy mesme son Exemple dans sa maniere de Regner : ses inclinations sont si heureuses , qu'elles luy seruent de flambeau & de guide à la suite de la vertu , sans auoir pour obiet celle des autres : Comme il vit pour l'auenir , il se le rend present , en se rendant sensible , l'esperance que sa memoire sera eternelle , puis que toutes ses actions ne regardent que l'Eternité. Toutes les fois que ie considere ces differens Surnoms, que l'Histoire donne à nos Roys, de Pieux , de Hardy , de Grand , de Iuste & de Conquerant ; ie puis dire que tous ensemble conuiennent à nostre fameux Monarque.

  Ce qui contraint la voix publique ,
  En faisant son Panegyrique ,
De luy donner le Surnom de P A R F A I T ,
  Puisqu'il l'est en effet.

Ce sont les derniers coups de Pinceau, que les vertu
donnent à son Portrait, dans l'impuissance où elles s
trouuent de l'acheuer, puis que ses Perfections sont san
nombre.

Mais ie veux faire vne Bordure,
Qui conuienne à cette Peinture,
En parlant de mon Roy si haut,
Dedans l'Histoire de sa vie,
Que ie feray taire l'Enuie,
Puis qu'elle ne luy peut reprocher vn défaut.

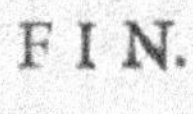

F I N.